广西全民阅读书系

广西全民阅读书系

吴晶 陈聪 著　覃小恬 绘

中国天眼之父南仁东

小学版

广西出版传媒集团　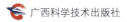广西科学技术出版社

图书在版编目（CIP）数据

中国天眼之父南仁东 / 吴晶，陈聪著；覃小恬绘 . -- 南宁：广西科学
技术出版社 , 2025.4. -- ISBN 978-7-5551-2426-9

Ⅰ . K826.14-49

中国国家版本馆 CIP 数据核字第 2025QZ9922 号

ZHONGGUO TIANYAN ZHI FU NAN RENDONG
中国天眼之父南仁东

总 策 划　利来友

监　　制　黄敏娴　赖铭洪
责任编辑　罗　风
责任校对　郑松慧
装帧设计　李彦媛　黄妙婕　杨若媛　梁　良
责任印制　陆　弟

出 版 人　岑　刚
出　　版　广西科学技术出版社
　　　　　广西南宁市东葛路 66 号　邮政编码 530023
发行电话　0771-5842790
印　　装　广西民族印刷包装集团有限公司
开　　本　710 mm × 1030 mm　1 / 16
印　　张　3.25
字　　数　47 千字
版次印次　2025 年 4 月第 1 版　2025 年 4 月第 1 次印刷
书　　号　ISBN 978-7-5551-2426-9
定　　价　19.80 元

感官安宁　万籁无声
美丽的宇宙太空
以它的神秘和绚丽
召唤我们踏过平庸
进入它无垠的广袤

——南仁东

贵州省平塘县，中国的西南角，有个名为克度的小镇。这里山崖陡峭林立，绿植浓荫蔽日，地下河穿山而过。

走进克度镇的天文体验馆，登上摆渡车，便开启了一段"山重水复"的探险之旅。爬上一个又一个坡，拐过一个又一个弯之后，便来到一处名叫大窝凼的地方。

拾级而上，会发现一口巨大的圆形的"锅"在我们脚下静静安卧。这口"大锅"被周围的山峰环抱，每座山峰相隔的距离都在500米左右，中间的洼地犹如一个天然的"锅架"，刚好稳稳地盛下这口"大锅"。

　　这口"大锅"，就是我们的小学课本里提到的一座大科学装置——"中国天眼"。

　　"中国天眼"的全称是 500 米口径球面射电望远镜，很多人也习惯用英文简写——FAST 来称呼它。它是目前世界上最大的单口径射电望远镜。

　　"中国天眼"的"眼底"有 25 万平方米，由数千个凹形反射面组成。你可以把它想象成一只睁得有 35 个足球场那么大的眼睛。上万根钢索和托起反射面的球冠型索膜网构成它十分丰富的"视神经"，连通着名叫"馈源舱"的"眼球"。

　　我们知道"齐天大圣"孙悟空能够一目千里，而"中国天眼"的视力可比孙大圣强大多了。它的视线可以深入宇宙深处，观察银河系之外的遥远星系，从而帮助人类探索宇宙的奥秘。

要建成这样一座大科学装置，从设计、试验到施工、调试，需要许许多多的人齐心协力共同完成。其中，有一位主要设计和推动建设它的人，叫南仁东，人们也尊称他为"中国天眼之父"。

　　为了打造"中国天眼"，南仁东在大山里整整奔走了22年，直到生命的最后时刻。

　　这一切，都源于一个美丽而奇幻的星空梦。这不仅是南仁东一个人的梦，也是全人类共同的梦。

1945 年 2 月 19 日，南仁东在吉林辽源出生了。

那个年代的孩子不像现在的孩子有这么多的玩具。南仁东最喜欢的事，就是和小伙伴爬到龙首山山顶看星星。

"那一颗最亮！"

"我觉得那颗更亮！"

"咱们一起来数数今天有几颗星星。"

……

当别的孩子吵吵嚷嚷做游戏的时候，南仁东常常仰着脖子凝视夜空，沉默不语。

这些星星是从哪里来的？它们是像苹果一样挂在天空中的吗？可以把它们摘下来吗……在他的脑海中，这些念头和问题不断地涌出来，让他对浩瀚的星空充满无限向往。

　　南仁东十分聪明，从小学开始，他的成绩一直名列前茅。

　　1963 年，18 岁的南仁东做了一个大胆的决定，他放弃了保送军校的机会，凭借吉林省理科状元的优异成绩，考进了梦寐以求的清华大学。

　　这是多少人心目中的学术圣殿啊！

　　可是，开学报到没几天，他竟然跑回了家。

　　原来，因为他的高考成绩比分数线高出 50 多分，学校把他从建筑系调到了无线电系。

南仁东无助地望向父亲："我想读的是建筑专业，我想做一名像你一样的建筑工程师。"

"孩子，你有想过成为一个什么样的人吗？"

父亲的这个问题，让南仁东愣住了。

"如果你还不清楚自己到底想成为一个什么样的人，那么你去国家更需要的地方就一定没错。"

父亲的眼中充满期许，而南仁东的目光也不再茫然。

从此，他开始安心攻读真空及超高频技术专业。他一直牢记父亲的教诲：不管我们最终的理想是什么，做一个国家最需要的人，就是我们的终极目标。

大学期间，南仁东是大家公认的"学霸"。

除了学好专业课和主修俄语，他还坚持自学英语。为了把英语单词背个滚瓜烂熟，他采取了一个非常独特的办法：一本英语词典，每背完一页，就撕掉一页，全部撕完了，英语也过关了！

同学聚会，大家凑在一起闲聊，南仁东捧本书在一边看；家人让他帮忙照看小侄子，他也是一边哄娃一边看书。有很多次，他看得实在是太入迷了，等从书中的世界回过神来的时候，他已经被小婴孩尿了个满身。

　　南仁东并不是死读书、读死书的人。为了陶冶情趣，他还自修美术和音乐。除此之外，南仁东还有自己的"秘密基地"——北京古观象台，周末闲暇时，他就一溜烟跑来这里。

　　这是世界上最古老的天文台之一，已有500多年历史。对着那一台台古老的天文仪器，南仁东着迷地晒着太阳、发着呆。有时候，他会带上画板，给它们画像，还会背着小提琴，为它们演奏。

　　大学毕业的那天，他在这些仪器前坐到了天黑。他要和这些"朋友"一起，再看一次星星。

南仁东的第一份工作，是在吉林长白山一家无线电厂做工程师。但在当时，国家的发展停滞不前，南仁东的事业也平淡无奇。

1977年，国家宣布恢复高考制度，南仁东沉睡多年的梦想一夜之间被唤醒了。凭借刻苦的努力，1978年，33岁的"学霸"南仁东成功考上了中国科学院研究生院天体物理学的研究生。

报到的那一天，南仁东又回到了北京古观象台。看着阔别十余年的"老友"，他蓦地感到有一束光打在他的心坎上，有一个声音在问他："你想成为一个什么样的人？"

他激动地对它们说："我将把我的一生投入到天文事业。"

南仁东勤奋耕耘、忘我钻研的品格，让他迅速在国际天文学领域崭露头角。1990 年，南仁东到日本国立天文台担任客座教授，他的薪酬达到了当时国内同行的 300 倍。

旁人都对他羡慕不已，可南仁东却总觉得惆怅甚至失落。

"我们中国人想做一次天文观测，得去借其他国家的望远镜；我们想用观测数据，都得捡别人用过的……"南仁东说着说着，沉默不语。

"你们想不想我们有一个自己的大射电望远镜？"

"想啊，怎么不想？可是，想跟建是两回事。"

在日本的那几年，南仁东常利用闲暇时间往国内打电话，给老同事、老朋友讲述自己对大射电望远镜的设想。

那个时候，美国已经拥有了直径达305米的阿雷西博射电望远镜，单是造价就已让其他国家难以企及。我们的邻国印度，也在1993年建造了由30台45米口径旋转抛物面天线组成的巨米波射电望远镜。然而，当时中国的射电望远镜最大口径仅为25米。

当时，南仁东设想的口径，至少要达到200米，这对20世纪90年代初的中国而言，大胆得近乎疯狂。无论是地质条件、技术条件还是工程成本，要把这一计划付诸实施，完全称得上是"天方夜谭"。

可是，南仁东内心的冲动与日俱增。他在国外待的时间越长，就越觉得煎熬；他作为"国际天文学家"的名头越大，就越觉得愧疚。

他的心结打不开啊！中国应该拥有自己的天文设备，否则，自己这样的人，又有什么用呢？！

15

这一天，南仁东从早晨犹豫到晚上，最终给在国内的妻子郭家珍拨通了电话。

"我想回来建望远镜。"

"你想清楚了？"

"别人也都这么说，他们通通叫我别犯傻。"

……

短短几分钟的对话，漫长得如同一个世纪。虽然郭家珍多年来相夫教子、善解人意，从来没反对过南仁东的任何重大决定，但是回国，就意味着他本人要告别过去的风光，放弃优厚的待遇，还会给一家人安逸和舒适的生活带来不小的波动。其中，也牵涉到刚刚有了孩子的大女儿和刚刚怀孕的二女儿。

"我回国后，你就得从牙缝里省钱给孩子炖汤了。"

"那就从牙缝里省吧。"

这是南仁东终生难忘的时刻。他感激妻子，如释重负。一个年近半百的中年人忍不住喜极而泣。

从这一刻起，他再也不用逃避那些萦绕于心头、回响在脑海的声音了。

这些声音，都化作了呼唤，那是祖国母亲的呼唤。

他要把全部的生命和热情，都奉献给祖国和人民！

　　1994 年 3 月，回到国内的南仁东又来到了北京古观象台，站在他的"老朋友"面前。此时的他，已经有了一个新身份：中国科学院北京天文台副台长。

　　南仁东的上任宣言很简单，只一句：在中国的国土上建大射电望远镜！

　　面对同事们质疑的眼神，南仁东语重心长："我们做了多年跟跑者，是不是应该考虑做一回领跑者呢……我们不是一直苦于没有自己的先进设备吗？建成这么一个'大家伙'，我们就是全世界看得最远的！"

　　南仁东描述的愿景让所有人震撼了。从很多人的目光中，南仁东读出了跃跃欲试的兴奋。可是，这热情还没保持三分钟，大家又唏嘘不已。

　　要知道，美国的阿雷西博射电望远镜之所以能领先世界，是因为它巧妙地利用了石灰岩构成的喀斯特地形，相当于在一个碗形大坑的底座上架起一口"大锅"，既降低了技术难度，也节省了工程造价。可是，当时国内的地质探测还缺乏先进的技术手段，要找这样一个大坑，需要耗费多少人力、物力和财力？单是想一想，大家就打了退堂鼓。

"给我点儿建议。"

那段时间，南仁东在单位的办公大楼里四处穿梭。他把同样的问题抛给每个人，得到的回答都是摇头不语。

"老南是中了大望远镜的毒了。"看着他日渐憔悴的身影，有人深表同情，有人好言相劝。

"我在想我们的大望远镜啊，得给它起个名，找个地方安家。"

"不是时机不成熟吗？"

"时机是不成熟，但我想先干起来再说！"

同事们都说，老南是彻底"走火入魔"了！

　　这个时候，有研究过喀斯特地貌的同事找了过来："老南啊，咱们是不是可以利用一下贵州的喀斯特地貌？在贵州南部，岩溶发育最典型，那里不是有许多天然的坑吗？这就解决了挖坑的难题。受喀斯特地貌影响，这些天坑存不住水，积水的问题也就不存在了。"

　　一语惊醒梦中人！

　　南仁东激动地大喊："你怎么不早说！"

　　"惊醒"南仁东的人，正是中国科学院遥感与数字地球研究所研究员聂跃平。望着聂跃平结合遥感图展示的贵州地貌图，南仁东只觉得血气上涌、鼻子发酸。

　　大射电望远镜，终于有希望安家了！

　　1994年4月，南仁东和聂跃平背着几百张遥感图，登上了绿皮火车的硬卧车厢，开始了漫长的贵州选址之旅。

在前往贵州实地调查之前，聂跃平已经打了一个月的前站。在用遥感技术反复搜寻、甄别、分析而建立起来的数据库里，聂跃平发现从 200 米、300 米到 500 米口径的大坑，加起来一共有 100 多个。

当时，南仁东就坚持，这 100 多个大坑他都要走到。

"要是漏掉最好的，我死了还会在这里转。"南仁东说。

那时候，中国的大多数地方还没有修建高速公路。吉普车在贵州的山路上颠簸，仿佛一匹烈马故意要把马背上的人甩下来。南仁东一边紧紧抓住车窗顶上的扶手，一边对着窗外的山窝窝发出一连串惊叹。

"稀奇啊！稀奇啊！"哪怕身子被抛到半空，脑袋被车顶撞得砰砰响，他也丝毫不会把目光从车窗外移开。

　　路太长，也太崎岖。最后，吉普车不得不喘着粗气停了下来。而要想找到地图上标注的那个小黑点，他们至少还要徒步走上三五个小时。

　　从上往下，再从下往上，眼前的路难以想象的陡峭。他们只能循着牛羊的蹄印，深一脚浅一脚地跋涉。

　　此时的南仁东已年近半百。虽然他的双腿是那么酸软无力，嘴唇也因为疲惫而泛白，可是他的心却异常活跃地跳动着。他就像一个沉不住气的小伙子，急于翻过眼前这连绵的群山，去寻找他梦中那个架"锅"的大坑。

　　此后半年多的时间里，南仁东拉着聂跃平一次次往返于北京和贵州，用双脚丈量那一个又一个洼地。大射电望远镜建设项目，是一个涉及无线电、天线制作、通信、计算机、材料与工艺等领域先进技术应用的综合项目。同样拥有喀斯特地貌的澳大利亚、印度等国，也都希望能在本国的国土上建设这样的科研利器，并得到国际上的资金支持。

　　南仁东脑海里的一个想法越来越强烈：应该抓住国际社会关注大射电望远镜的契机，在贵州这样适合的地方建设 20 个像阿雷西博这样的巨大"天眼"，组成阵列。他的报告获得了国际学界的积极回应。

　　此时的南仁东，终于看到一丝曙光。他必须尽快锁定架"大锅"的地址，力争让 1995 年度的国际大射电望远镜工作推进会议到中国来开！

1995 年年底，中国科学院成立了大射电望远镜中国推进委员会，南仁东担任主任，聂跃平被任命为选址组组长。

架"大锅"的地方，必须满足三个条件：要圆，要有隔离性，还要交通方便。除了地形和容积大小，还要考虑地质条件、无线电环境、地基与工程地质要求，以及降水、滑坡和地震等诸多因素。

转年春天，选址工作有了突破性的进展：南仁东和聂跃平大致锁定了安顺普定和黔南平塘两县。

为了尽快给大射电望远镜安个家，南仁东一行又一次赶往贵州平塘。

一天，他们正走到半途，突遇大雨倾盆，伞根本就起不了作用，他们只好把当地村民家的塑料布披在身上当雨衣。

大雨丝毫不肯示弱。脚下的黄泥地皮变得特别湿滑，就像一块湿透了的肥皂。南仁东一边拼命调整越发不均匀的呼吸，一边像只壁虎般手脚并用地上下攀爬。

说时迟，那时快，就在人们庆幸雨开始变小的时候，危险发生了！

南仁东一个不稳，像一块山石一样滑了下去。情急之下，在他身旁的两个人都伸出了手，想要抓住他，可是，他下滑的速度太快了，最后竟然翻滚起来……

万幸！一片灌木丛挡住了南仁东。如果他再翻过去，就会掉进几十米深的谷底，后果将不堪设想。

过了好一会儿，大家的腿都还在打战。

"没事儿，我还活着。"南仁东强作镇定地安慰大家。

泥水裹了他一身。南仁东明白，自己刚刚和死神擦肩而过。他的脸色异常惨白，可还没等好好休息，他又坚定地催着队友，向前进发！

只要还活着，他的心中就只有一个信念：大坑，等我！

　　1995 年 10 月，南仁东和大山深处的平塘县一起经历了短暂的沸腾。

　　国际大射电望远镜工作推进会议在贵阳召开，十个国家的天文学家到平塘和普定这两个选址地点进行了实地考察。

　　可惜，这支科学家团队并不是一个官方组织，难以推动大型射电望远镜项目真正落地。

　　希望再一次渺茫，但南仁东不会坐以待毙。他向北京天文台台长请命，开始频繁穿梭于各种会议和论坛，反复论证一个个选址地点的可行性。

　　在此期间，国际上有关方面的评估结果逐渐明朗，"中国天眼"的设计方案也趋于定型。南仁东、聂跃平等人逐渐意识到，不能在等待中贻误时机，要独立建造"中国天眼"。这个"天眼"不是以200米口径射电望远镜为中心的"大口径小数量"阵列，而是要做成500米口径的世界最大单口径射电望远镜！

　　这个计划，得到了大射电望远镜中国推进委员会越来越多专家的认同与支持。

　　1997年7月，大射电望远镜中国推进委员会正式提出"大型射电望远镜中国工程概念先导单元"，即由我国独立建造一台世界最大单口径球面射电望远镜（FAST）的设想。

"FAST"是500米口径球面射电望远镜的英文简称，承载着中国天文学界的梦想。这个名字，源自南仁东在一次旅途中的灵感迸发。

摇摇晃晃的绿皮车厢里，坐在南仁东对面的一名中年妇女吃起了泡面。南仁东闻着香气，抽了抽鼻子，对聂跃平说："我想吃泡面。"

对面的妇女噗嗤笑出了声："你又不是害喜了，还想吃这吃那的。"

害喜，是民间对于怀孕的一种说法。南仁东听了，不但不觉得对方在拿他打趣，反而呵呵一乐："你别说，我最近还真害喜了。"

聂跃平秒懂了他的幽默，跟了一句："这个娃可怀得不小。"

南仁东沉浸在自己的遐想中，又问道："大姐，你们怀上孩子之后，心情是个啥样儿？"

"啥样儿？就是巴不得快点生下来喽！"

听到这句话，南仁东愣了半晌，突然转过头，急切地去翻找他的笔记本。

有一页纸已被翻得皱皱巴巴，上面写着：Five-hundred-meter Aperture Spherical Radio Telescope。这是 500 米口径球面射电望远镜的英文全称。为了给它取个名，南仁东已经冥思苦想很久了。

巴不得快点生它下来……中年妇女的那句话在南仁东耳畔回响，突然像闹铃乍响，一瞬间点醒了他。

如果用一个字来解释，那么"FAST"的意思就是"快"。此外，它还蕴含着"追赶""跨越""领先"的含义。最终，"FAST"的简称得到了有关专家的一致认可，成为这个大科学装置的英文简称。

　　给梦中的孩子起好了名字，还得赶紧找一个可以安居的家。

　　在对贵州 100 多个大坑进行一次又一次勘察后，南仁东的目光最终锁定在平塘县克度镇绿水村一个叫大窝凼的地方。

　　大窝凼的地形正如"凼"字的字形，被四周群山包围的一个巨型大坑里，有一方水塘。沿着山间小路一直往下走，就看到了凼底的稻田和人家。

　　经过勘察，几千年来，大窝凼附近从未有过自然灾害的历史记录。长达一年的监测显示，它近乎完美地契合了 FAST 工程建设需要具备的各项条件。

对大窝凼的最后一次考察，充满危险。

一场暴雨裹挟着凶猛的山洪突然而至。一群人连滚带爬，从凼底逃了出来。虽然很后怕，但南仁东却更欢喜了。

这次山洪，证明了大窝凼优良的排水性能，把射电望远镜这口"大锅"架在这里，很安全！

冥冥之中，大窝凼好像一直在等待，等待南仁东带着他的梦想而来。

1999年3月，中国科学院知识创新工程首批重大项目"大射电望远镜FAST预研究"启动。

放眼全球的重大科研攻关项目，一共有六大系统的FAST研制所涉及的学科的广度、深度和学科间的交叉，都是罕见的。

争分夺秒的科研攻关是一方面，研制经费也是影响项目进度的重要因素。各种声音和压力，都在推着南仁东往前走。

有人说，南仁东年龄到了，该"下课"了；有人提醒，如果预研究不成功，"中国天眼"很可能功亏一篑，那么不仅是南仁东，还有跟着他一路走来的众多同事、学生，等待他们的将是学术道路上的困境甚至终点。

　　"必须冲出一条自己的路!"南仁东只有这一个信念,他一如既往地东奔西走,积极向中国科学院和国家有关机构申请资助。

　　终于,在2005年1月,国家自然科学基金交叉重点项目"巨型射电望远镜的新模式"启动。

　　2007年,南仁东回国后的第14个年头,FAST工程获国家发展和改革委员会批复正式立项。南仁东担任项目总工程师兼首席科学家。

　　2008年12月26日,国家九大科技基础设施之一的FAST工程,在大窝凼正式奠基。

时间飞逝，2011 年 3 月，"中国天眼"正式开工建设。为加快工期，台址开挖与装置本身部件的设计和试验同步进行。

南仁东比过去更忙了。白天，他在大窝凼的工地现场走走停停、指挥调度；夜晚，他就在简易的彩钢房里审改图纸、研究问题。那个曾经西装革履、精神抖擞的教授在镜子前消失了。有人干脆送了他一个绰号——"丐帮帮主。"

没有人上前打扰他。即使是工地上的民工也知道，FAST 已经把这位大科学家的脑子填满了。

这样一个全新的工程，涉及近 20 个专业，他必须把自己变成一台永动机，才能应对每天层出不穷的问题和困难。

只有剧烈的咳嗽常常会不知趣地打断他的思考。特别是在项目进展遇到"拦路虎"的时候，咳嗽声会从彩钢房薄薄的板墙另一边传来，在幽深的山谷中回响，持续一整夜。

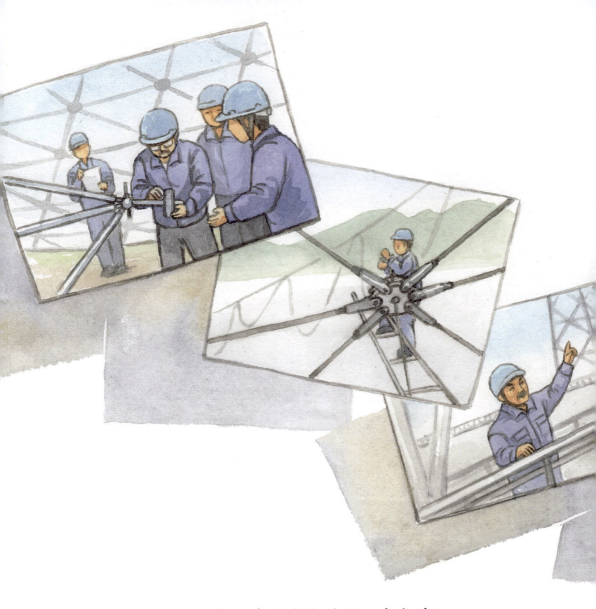

　　这段日子，南仁东的宿舍总是通宵亮着灯。

　　为了降低造价，FAST 主动反射面的主要支撑结构必须采用不同于前人的索网技术。市面上所有的技术和产品，竟然没有一样符合要求。

　　近百次的试验，都宣告失败。

　　这个坎过不去，工程就会夭折。

　　南仁东没日没夜地蹲在工厂进行工艺检查，没日没夜地翻找资料寻找创新灵感，没日没夜地联络国内十几家单位和国外的顶级专家一起研究和评审。

　　直到第一百零三次，终于成功了！

　　人群欢呼雀跃着，南仁东还来不及加入，就被一阵猛烈的咳嗽打断了。

　　他竟然咳出了一口血，咳在他用来捂嘴的纸巾上，咳得他自己瘫软在椅子上。

2016 年 9 月 25 日，已经确诊患有肺癌的南仁东执意从北京的病房重新返回大窝凼。

这是"中国天眼"落成启用的日子，他要亲眼看着这个心爱的孩子第一次"睁开眼睛"。

一年后，"中国天眼"发现的一颗脉冲星得到国际认证。团队成员兴冲冲地把这个消息通过邮件发给南仁东，可是他没有像往常那样及时地回复，给予鼓励和建议。

2017 年 9 月 15 日，北京时间 23 点 23 分，72 岁的南仁东永远闭上了眼睛。这个数字仿佛也在表达一种缅怀，缅怀他为"中国天眼"持续奋斗了整整 23 年。

　　2017 年 11 月，中共中央宣传部追授南仁东"时代楷模"荣誉称号，号召全社会向他学习。

　　2018 年 10 月 15 日，中国科学院国家天文台宣布，经国际天文学联合会小天体命名委员会批准，国际永久编号为 79694 的小行星被正式命名为"南仁东星"。

　　2019 年 10 月 15 日，南仁东的母校——吉林省辽源市龙山区谦宁街小学挂牌"南仁东小学"，并成为吉林省首批科普工作示范基地。一双双渴求知识的眼睛，将追随着南仁东的足迹，从这里开始仰望苍穹。

延伸阅读

什么是射电望远镜

南仁东爷爷的故事已经讲完了，但是科学家对科学的探索永无止境。想进一步了解"中国天眼"作为 500 米口径球面射电望远镜发挥的作用，我们首先要知道什么是射电望远镜。

这一次，我们要从老式电视机屏幕上出现的雪花点说起。

当老式电视机收不到信号时，屏幕上不是一片空白，而是满屏密密麻麻的雪花点。这些雪花点可不是电视频道提供的特殊节目，而是电磁波信号，其中也包括来自太空的射电辐射。

射电望远镜，是观测和研究来自天体的射电波的基本设备。1937 年，美国人格罗特·雷伯制造出第一架射电望远镜。20 世纪 60 年代，天文学上的"四大发现"——类星体、脉冲星、星际分子和宇宙微波背景辐射，都与射电望远镜的使用密切相关。

对天文学家来说，如果光学望远镜是"显微镜"，那么射电望远镜就是"CT 机"，可以测量天体射电的强度、频谱和偏振等量。与光学望远镜不同，射电望远镜既没有高高竖起的望远镜镜筒，也没有物镜、目镜，它由天线和接收系统两大部分组成。

小朋友们的爸爸妈妈，或许在小时候都使用过所谓的"锅盖天线"，"锅盖"口径越大，电视画面越清晰。而对于射电望远镜来说，口径越大，"看"得就越远。全世界的射电天文学家都追求建造更大口径的"锅盖"，以提高灵敏度。

射电望远镜的每一次长足进步，都让天文学的发展向前迈进一大步。随着全球一个个巨大射电"天眼"先后建立，一些科幻小说里描写的现象变成现实：千差万别的天体类型、神秘的脉冲星、宇宙微波背景辐射、潜在的宜居星球、超新星爆发、印证大爆炸理论的观测证据……

"中国天眼"有哪些重大发现？

小朋友们知道吗？从诞生的那一天起，"中国天眼"就一直在学习、进步，交出一份份让科学家惊叹的答卷。

2024年11月26日，中国科学院国家天文台宣布，"中国天眼"已发现新脉冲星超1000颗，超过同一时期国际其他望远镜发现的数量之和。科学家指出，这些发现对于理解脉冲星的形成和演化具有重要意义。

2024年，"中国天眼"还发现6个距离地球约50亿光年的中性氢星系，这是人类迄今为止直接探测到的最远的一批中性氢星系。

"中国天眼"的前沿科学探索之旅才刚刚开始。它有能力探索上百亿光年外的宇宙，也就是说，可以将观测延伸至已知宇宙的边缘，重现宇宙早期图像。

正如南仁东对"中国天眼"使命的期待——"一黑二暗三起源"，即科学家要通过"中国天眼"来研究黑洞，暗物质和暗能量，以及与宇宙起源、天体起源、生命起源相关的前沿课题。

"中国天眼"能找到"地外文明"吗？

在读南仁东爷爷的故事的时候，很多小朋友或许会问，我们为什么要费这么大的力气去寻找天上的星星发出的信号呢？地球之外，到底存不存在和人类文明类似的地外文明呢？

千百年来，人类大多通过可见光波段观测宇宙。1609年，意大利天文学家伽利略用两块镜片制成最原始的观天望远镜，并借此发现了月亮的光乃至其他行星的光是太阳的反射光，发现了木星最亮的4颗卫星，发现了银河由无数颗恒星组成……这一系列发现开辟了天文学的新天地，为人类重新认识世界打开了一道门缝。

20 世纪 30 年代初，美国贝尔实验室的科学家央斯基用天线阵接收到来自银河系中心的射电辐射，开创了用射电波研究天体的新纪元。后来，美国人雷伯在自家后院建造了一架直径 9 米的射电望远镜，观测到太阳以及其他天体发出的无线电波，成为射电天文学的先驱。

射电望远镜产生后，外星人的概念开始浮现。天文学家认为，一旦在某个遥远的恒星上发现有理性社会及文明存在的话，他们的活动所产生的无线电波就会不自觉地向外发送，并很可能会传到地球。

"中国天眼"竣工时，各国媒体纷纷发表预言式的报道。英国《每日邮报》称，"在寻找地外文明的竞赛中，中国取得领先的地位"；美国《基督教科学箴言报》称，"中国刚刚建成的全球最大单口径射电望远镜可能将回答人类探索宇宙的一个最古老问题：外太空是否有其他生命存在"。

从古代"夸父追日""嫦娥奔月"的美丽传说，到如今"中国天眼"探索到已知宇宙的边缘，人类的探索能力正在迅速提升。不论未来我们的科学结论如何，有一点可以始终确信——

人类对星空奥秘的探索不会停歇，距离永远不会成为人类仰望苍穹的阻碍，因为遥远的星辰永远比我们的想象更精彩！